**BEPPE DAMIOLI**

# PILLOLE DI VENDERE!

## LA COSA PIÙ ECCITANTE DA FARE (CON I VESTITI ADDOSSO)

EDIZIONI WE

***www.unvenditoremigliore.com***

ISBN 979-12-80240-81-1


Via Paulli 10/A – 26015 – Soresina (CR)

www.clickpertutti.com
www.edizioniwe.com
www.facebook.com/edizioniwe
www.instagram.com/edizioniwe
info@edizioniwe.com

# INTRODUZIONE

Dentro questo libro troverete **strategie**, **tecniche** e **sistemi pratici di lavoro**, anche se lo scopo di questo testo non è quello di indicarvi cosa fare o fornirvi solo risposte.

Per iniziare, vorrei, soprattutto affidandomi alla vostra preparazione, passione ed intelligenza, suggerirvi delle domande che vi permetteranno autonomamente di comprendere in che "**mood**" siete e su quale **gradino delle priorità** vi trovate nella mente del cliente e del mercato.

Questo darà chiarezza al percorso che intraprenderemo assieme, perché, probabilmente, fino ad ora non avete trovato risposte errate, ma, in realtà, (cosa che è capitata anche a me in passato) vi siete solo fatti le **domande sbagliate**.

Dovete sapere che il processo di vendita non avviene per caso, anche se a volte sembra che avvenga dal nulla, così... Razionalizzando ed esaminando ciò che accade quando si acquista qualcosa, si nota che si verificano sempre alcune condizioni ed una considerazione (non così scontata) è che prodotti o servizi devono sempre risolvere problemi o esigenze.

Ciò ci induce a fare alcune riflessioni:

- In che modo sono capace di **farmi percepire come una soluzione** per gli altri?
- In che modo **faccio risvegliare l'esigenza** negli altri perché sentano il **bisogno di risolverla?**

- Sono certo di essere in grado di **essere un valore che arricchisce la vita di persone, aziende e famiglie** o sono solo concentrato su di me?

- Ho analizzato la comunicazione che utilizzo nel mio lavoro per **far comprendere il vantaggio che ottiene chi si affida a me** o, invece, sono solo concentrato su offerte e promo?

- Quali sono le **motivazioni che spingono il mio cliente ad investire con me** e come posso renderle prioritarie rispetto agli altri mille stimoli che riceve ogni giorno per investire in altro?

- Posso dire che, una volta venduto il mio prodotto o il mio servizio, il cliente sente di **aver arricchito la qualità della vita della propria attività o famiglia** o l'ho solo privato di denari per arricchire me stesso?

- Il mio gruppo di lavoro ha **interiorizzato il mio credo** o è solo alimentato da laute provvigioni e arricchimento personale?

Le ultime domande sono importanti perché si basano sulla soddisfazione del cliente e ciò che questa innesca:
- recensioni positive,
- segnalazioni,
- reputazione online e offline.

Mentre le tecniche sono fondamentali per i successi a breve termine (che servono chiaramente), i valori servono per costruire un futuro e i clienti di domani.

Mi piace, inoltre, sottolineare come uno degli aspetti più affascinanti del mio lavoro e che mi ha fatto innamorare "della vendita" sia il vedere quello che una persona riesce a fare per ottenere un sì o un consenso.

Credo che la creatività, l'ingegno e la determinazione che vengono espresse durante un processo di vendita siano una vera e propria opera d'arte.

Ne sono esempio:

- Il politico che vende il suo programma per ottenere voti; "il cosa è disposto a dire e fare per essere accettato", spesso, supera ogni aspettativa.

- Un ragazzo che vuole conquistare una ragazza che gli piace è capace di creare dei meccanismi mentali mai pensati prima neanche dallo stesso.

- Nel primo gradino di un corteggiamento, uomini e donne potrebbero fare sceneggiate e sceneggiature da Oscar anche solo per raccogliere l'attenzione di qualcuno.

- I bebè, sin dalla nascita, non hanno la necessità di saper parlare per farsi capire e, con un bell'urlo o pianto, comunicano comunque a chi di dovere che hanno bisogno di essere sfamati, cambiati o, comunque, che hanno bisogno di attenzioni e, sapete una cosa, puntualmente la ottengono.

## LE IMMAGINI: STRUMENTI DI VENDITA

La comunicazione orale e la persuasione che da essa ne deriva sono sicuramente significative nel processo di vendita, ma dobbiamo sapere che il cliente può essere colpito favorevolmente grazie all'utilizzo di alcuni strumenti (le immagini) che, ormai, ogni venditore o comunicatore ha in dotazione.

Avrete sicuramente letto da qualche parte che ci sono delle persone detti "visivi" che sono particolarmente attratti dalle immagini.

Soprattutto dopo l'avvento dei social, qualcuno ha basato la propria comunicazione sull'utilizzo di belle foto o bei video realizzati con una certa qualità anche dal punto di vista estetico.

Anche a noi sarà successo di essere colpiti da un'immagine di un certo tipo; il fatto che un'immagine attragga la nostra attenzione è determinante in quanto ogni processo di vendita è basato su un primo step che è l'ottenere l'attenzione di chi ci ascolta.

Quindi un appuntamento di **vendita** non deve dipendere unicamente dalla parola, ma deve essere supportato da immagini che concretizzano le nostre parole per far sì che non tanto il prodotto, ma, soprattutto, il problema che il prodotto risolve resti ben impresso al nostro interlocutore e lo si motivi alla risoluzione di questa esigenza.

Le immagini, inoltre, ci permettono di entrare nella mente del cliente ponendolo, anche, davanti a situazioni alle quali non aveva pensato.

Immaginate, ad esempio, di vendere sistemi di sicurezza per la casa e il cliente non ha mai subito un furto, quindi, fortunatamente, non ha mai avuto un'esperienza diretta e non ha in memoria questo evento negativo. In questo caso, facendo vedere immagini di una camera da letto ribaltata o un'immagine di numeri e statistiche che riguardano i furti nella sua zona sarà coinvolto in maniera totale. Possiamo dire, quindi, che, talvolta, le immagini hanno il compito di supportare la parola soprattutto quando il cliente non ha una conoscenza diretta del prodotto e quindi è necessario che i suoi occhi lo vedano e comprendano i problemi che risolve.

Mi vengono in mente, inoltre, le immagini forti con le conseguenze del fumo che adesso compaiono sui pacchetti delle sigarette. Sono state lì poste per due motivi: dissuadere dal fumare o indurre a smettere.

Per concludere, le immagini, durante un incontro, anche con più persone, sono un ottimo supporto alla parola.

**Non dimentichiamo mai il grande potere di entrare nella memoria visiva del cliente.**

## L'ANSIA DA PRESTAZIONE

Il lavoro di per sé può essere causa di stress per chiunque e in qualunque mansione o azienda.

Nel lavoro del venditore possiamo dire che l'ansia da prestazione è causa di stress o lo può diventare a tal punto che alcuni interrompono la carriera perché si sentono come "tritati".

Solitamente, l'ansia da prestazione nasce da una poca fiducia in se stessi o meglio ancora da una percezione non corretta della propria attività; raramente, infatti,sono ansie generate dall'oggettiva relazione tra numero di vendite che si è in grado di fare e il fabbisogno economico.

Lo stress nasce perché non analizziamo in maniera razionale le vendite effettuate e, quindi, non ci è chiaro cosa ci ha permesso la vendita.

Senza questa analisi ogni appuntamento e ogni giornata diventa un'incognita ed è per questo che razionalizzare il perché della avvenuta vendita ci permette, al prossimo appuntamento o alla prossima giornata, sebbene il cliente sia diverso, di sapere che si possono ricreare determinate condizioni e questo ci dà una linea guida da seguire.

A questo punto l'ansia generata dalle incognite e dalle cose nuove scompare. Chiaramente le linee guida vanno vestite come fa un sarto sul cliente.

La paura per il nuovo o l'ansia per ciò che è sconosciuto può essere gestita in questo modo e cioè creando un sistema personale che ci impedisce di vivere con stress o per lo meno lo diminuisce ed evita di farci dire "sono bollito" o "non ce la faccio più".

Altro tipo di stress riguarda invece le aspettative che abbiamo verso noi stessi e gli altri, tanto che, spesso, sento dire frasi come le seguenti: "Voglio dimostrare al mio capo (al mio responsabile o semplicemente al mio partner) quanto sono bravo".

La verità è che non si deve dimostrare nulla a nessuno. Una persona che sceglie di mettersi in gioco ha già dimostrato con i fatti che ha voglia di ottenere risultati.

Né il vostro capo, né voi (se siete dei leader) dovrete creare situazioni di questo tipo perché alla lunga non pagano e, anzi, complicano la crescita e la formazione di un gruppo solido

## TITOLARE/VENDITORE

Possono presentarsi casi in cui il titolare di un'attività è chiamato a fungere da venditore o casi in cui il titolare è il venditore principale della sua stessa attività.

Queste situazioni vanno gestite in modo vantaggioso: per esempio, faremo percepire al cliente che saremo noi stessi a seguirlo proprio come attenzione particolare verso di lui e mostreremo quanto teniamo alla sua persona. Il cliente apprezzerà questa "coccola" e si sentirà un privilegiato.

Quante volte, anche noi, quando dobbiamo interfacciarci con un'attività, negozio o ristorante, ci sentiamo più importanti, se a seguirci è il capo...

Quando nelle aziende il titolare è un venditore e ci sono altre persone che collaborano con la stessa mansione, è importante che non voglia a tutti i costi dimostrare di essere il migliore e, soprattutto, dovrà dimostrare di essere il primo a rispettare le regole date.

Il titolare non deve avere favoritismi che lo portino a non rispettare regole o strategie, perché spingerebbe gli altri a ritenere che le strategie e regolamenti non siano poi così importanti e "autorizzerebbe", di fatto, gli altri a non rispettarle.

Il venditore titolare, poi, più che un esempio di quantità di vendita, dovrà essere un esempio di qualità di vendita perché ricordiamo (come stiamo comprendendo grazie a questo libro) che la parola è suono, ma l'esempio è tuono.

Un altro aspetto da non trascurare è questo: nel rapporto tra cliente e titolare deve passare il messaggio che il cliente sarà coccolato dal punto di vista qualitativo, ma non per questo il cliente sarà autorizzato a richiedere extra sconti.

Per evitare la richiesta di sconti aggiuntivi è necessario far sentire il cliente importante, puntando sulla qualità che il rapporto con il titolare può dare; per esempio, più opzioni, tempistiche ridotte e altri piccoli gesti.

Queste attenzioni scoraggiano il cliente a chiedere trattamenti economici non proficui per l'azienda, anzi, il più delle volte, si sentirà grato per le premure ricevute.

Il titolare che vende è veramente un supereroe moderno a cui tributo tutta la mia stima, perché passa da una telefonata con il commercialista per un F24 da pagare ad un cliente che gli ha inviato cinque messaggi vocali da sette minuti ciascuno per spiegare che su internet il prodotto costava meno.

## LA TENSIONE POSITIVA

Abbiamo parlato di aspettative degli altri e aspettative verso noi stessi che assieme ad altre situazioni possono essere fonte di stress.

Lo stress è una condizione che non va confusa con quella che io chiamo: **tensione positiva.**

**La tensione positiva** è quello stato "non solo fisico e mentale" che spinge il professionista moderno, prima di una performance, a preparare e organizzare tutto con cura (anche per i dettagli) e a sviluppare un piano B per gli imprevisti.

La differenza sostanziale è che la **tensione positiva** parte dalla nostra mente e dal nostro cuore e ha come unico scopo l'avvicinarci il più possibile alla perfezione: la cosiddetta eccellenza.

Tutto è come un'opera d'arte ed è tale quando sono i dettagli ad essere maniacalmente curati.

In questa condizione non solo si prepara l'appuntamento, il corso o la riunione secondo dei criteri di **qualità attesa**, ma si lavora, anche, sulla **qualità inattesa,** ovvero, quel tocco da maestro che ognuno di noi sa dare per rendere unico e indimenticabile un determinato momento.
Nella comunicazione e durante il processo di vendita, ad esempio, ci sono dei dettagli che possono trasformare la nostra trattativa in un'opera d'arte.

È importante sottolineare che non serve molto: una consegna anticipata, un servizio aggiuntivo, un riconoscimento inaspettato sui social o qualunque azione e gesto che ha lo scopo di dare beneficio solo al nostro interlocutore senza chiedere nulla in cambio.

Solitamente quando un fornitore o qualcuno fa qualcosa per l'altro, lo fa in virtù del dare/avere e questo di per sé lo fa già rientrare in qualità attesa (già vista e rivista mille volte), mentre creare e offrire qualcosa senza pretendere nulla in cambio a breve termine è un collante a lungo termine e, in ogni caso, avremo creato un'idea positiva di ciò che siamo e facciamo.

La **tensione positiva** è quella cosa che ci permette di ideare un piano di riserva davanti ad un imprevisto o davanti ad una "defaillance" per mostrarci comunque professionali.
Ritardi nelle consegne o errori possono sempre capitare e un piano B pianificato è l'àncora di salvezza del professionista di oggi.

Mediocrità e abitudini mettono il nostro cervello in fase di stallo e apatia e ciò non ci pone nella condizione mentale vincente per essere percepiti dagli altri come un **valore.**

**In conclusione, una sana tensione positiva ci differenzia dal competitor mediocre e non ci fa vivere in monotonia la nostra attività.**

## I CLIENTI NON CAPISCONO NIENTE...

Spesso "accusiamo" il cliente di non aver capito quanto sia favoloso il nostro prodotto o servizio e continuiamo ad oltranza fino a quando nella massa qualcuno **"ce lo compra"**. Lo stesso avviene quando presentiamo una opportunità o cerchiamo collaboratori.

Avere un **prodotto eccezionale o erogare un servizio meraviglioso conta solo se il mercato è disposto a pagarlo**, in caso contrario resta un "tesoro ben chiuso in un baule".

La **chiave che apre il baule è la comunicazione** che passa anche attraverso la persona che si presenta sul mercato.

**Capire cosa non sta funzionando nelle aspettative (in termine di risultati e vendite) che si hanno verso un business o progetto è il primo passo per poi imboccare la strada giusta e raggiungere gli obiettivi sperati.**

## VENDITORE OGGI.

L'evoluzione e i cambiamenti degli ultimi anni hanno modificato il modo in cui ci relazioniamo verso alcune figure che fanno parte, da sempre, della nostra vita. Basti pensare anche a come è cambiata la comunicazione tra genitori e figli o il rapporto che abbiamo e il come ci approcciamo con il direttore di banca, con il parroco del paese, con il professionista in genere.

Per esempio, rimanendo nel mondo della vendita, dovete sapere che il consumatore di oggi è estremamente preparato sul prodotto o servizio che sta per acquistare o, per lo meno, pensa di esserlo e questo ci pone in un'ottica diversa nella trattativa.

Ad esempio, il **cliente**, ora, vuole sentirsi **protagonista** e difficilmente è disposto a **subire** la figura di chi vuole **a tutti i costi** "rifilargli qualcosa".

Possiamo dire che a **tutti piace spendere, ma a nessuno piace che gli sia venduto qualcosa.**

Per questo conoscere le reali **motivazioni** che hanno portato il **cliente** ad interessarsi ad un prodotto o servizio sono fondamentali: potremo usarle per fare **leva** e lui sentirà di aver risolto un suo **bisogno.**

Creare **clienti** consapevolmente **soddisfatti** è la nuova sfida.

## OBIEZIONI

Spesso si ritiene che le **obiezioni del cliente** siano un **ostacolo alla chiusura;** in realtà queste nascondono le ragioni che ci permetteranno di **chiudere** o meno.

Se analizziamo le obiezioni reali e intercettiamo quelle finte, possiamo prendere il cliente per mano e condurlo in chiusura.

Le obiezioni sono una richiesta di aiuto che ci grida:
**perché dovrei acquistare?**

Il professionista moderno non ne fa una questione personale ed emotiva, ma coglie questa richiesta e **motiva il cliente all'acquisto.**

Ricorda: non dobbiamo **vincere sul cliente**, ma **dobbiamo andare verso la vittoria insieme**.

## FILOSOFIA E UNICITÀ

Quando un venditore o un professionista inizia la sua attività, spesso è in un gruppo o in un contesto dove le sue qualità vengono a galla e, grazie alla sua determinazione e dedizione, i risultati arrivano.

Come già ricordato, a neanche diciotto anni, quando entrai in una società di formazione e consulenza, iniziai subito a crescere, ottenere successi in termini di "fatturato" e sviluppai capacità di gestire gruppi di persone in sala corso.

Complice l'età, l'ambizione e, perché no, un po' di presunzione, avevo quasi l'idea di essere l'unica ragione di questa crescita e, effettivamente, la mia dedizione e volontà mi portavano a fare e ottenere. Adesso che ho "qualche anno in più" e ho visto diverse aziende, reti di vendita, strutture crescere e crollare, posso dire che spesso non si analizzano i contesti che stanno dietro questi fenomeni.

Anche nel mondo dello sport si vedono dei singoli che in alcune squadre riescono a dare un contributo determinante e, poi, spostati in un altro team, non riescono più ad essere un vero valore aggiunto.

Il contesto e, soprattutto, la persona o le persone che hanno creduto in noi, sono le condizioni che hanno permesso di far emergere i nostri talenti e, per questo, prima di guardare ciò che siamo riusciti a fare, dovremmo comprendere cosa gli altri hanno fatto perché queste caratteristiche emergessero in noi: la formazione e il clima aziendale sono le variabili che permettono al gruppo di far emergere il singolo ed è per questo che non funziona copiare prodotti, aumentare le provvigioni o portare via venditori per ottenere successo!

Quante realtà anche voi avete conosciuto che, nonostante fossero spinte dall'entusiasmo, hanno fatto una triste fine?

La duplicazione determinante non è quella del prodotto o strategia, ma quella della filosofia dell'azienda che i collaboratori vivono così intimamente e in cui credono così fortemente che sono spinti a superare i loro limiti ed ottenere i successi.

Non basta conoscere o pensare di conoscere una ricetta per ricevere una stella come cuoco; bisogna avere magia, passione e una filosofia o credo che trasforma la tua ricetta in un'opera d'arte.

Mi permetto di suggerire di non partire mai dalle cose esterne dell'azienda; non copiate quelle perché questo lo potrebbe fare chiunque, ma intercettate quel qualcosa di intangibile che vi ha permesso o ha permesso ad altri di ottenere risultati.

Prodotti e strategie sono duplicabili, il karma e la filosofia li creiamo noi e ciò che siamo, lo siamo solo noi.

Rendi unico te stesso e rendi unici i tuoi talenti e i tuoi segreti e costruisci attorno a questi valori il Tuo successo.

# LA VITA È COME UN ECO...

**LA VITA È COME UN ECO...**
**SE NON TI PIACE CIÒ CHE TI ARRIVA**
**CAMBIA IL MESSAGGIO CHE MANDI!**

Questo è un principio generale apparentemente semplice e scontato che se viene applicato alla vendita, in realtà, ci aiuta a svelare alcuni **segreti** su come stiamo operando e ci aiuta a trovare "ricette" per ottenere miglioramenti.

Ci sono domande che dovremo porci e analisi da fare.

Dovremo analizzare la nostra comunicazione in generale (verbale, marketing, rete ecc)

Dovremo capire se ci siamo concentrati sul comunicare ciò che per noi è importante oppure su ciò che è **importante per i clienti**.

Dovremo valutare se sappiamo far percepire il **valore** che il cliente otterrà o se siamo solo concentrarti ad offrire sconti e promo.

Queste **analisi** che sempre facciamo durante i SEMINARI racchiudono le risposte per **capire** cosa impedisce al **fatturato** che abbiamo in **testa** di trasformarsi in **realtà**!

Se non siamo un **vantaggio** e il nostro prodotto o servizio non è percepito come tale, perché mai qualcuno dovrebbe sottrarsi del **denaro** per averlo?

Nella vendita, ricorda, **conta quello che hai in testa, solo se riesci a fare in modo che questo arrivi anche al cliente!**

Altrimenti un giorno ci si trova a dire che "il prodotto non è stato capito...", "che quelli lo fanno a meno...", "maledette mascherine...", "si stava meglio negli anni 90...", ecc...

## THE SNIPER (IL CECCHINO)

Il lavoro di vendita si è evoluto, non è più possibile lavorare "sparando nel mucchio" e sperare che sui numeri qualcosa salti fuori.

Il professionista, oggi, lavora in maniera mirata con strategie atte a profilare il potenziale cliente che, attraverso giuste strategie di comunicazione, viene colpito nel segno; vendere non è altro che comunicare e, a differenza di ciò che molti pensano, tutti siamo venditori: il commerciante, l'imprenditore, il politico quando vende se stesso per farsi eleggere, il cameriere che, anziché proporci un menù fisso da pochi euro, ci "consiglia" un piatto di pesce di alto valore.

Ti piacerebbe conoscere cosa spinge la gente a scegliere un prodotto/servizio anziché un altro?
Ti piacerebbe avere meno "**no**" possibili e nel caso conoscere il vero perché?
Vorresti diventare un vero "cecchino" della vendita e smettere di lavorare per tentativi ?

**Allora, smettila di affidarti al caso.**

## NON È L'AZIENDA CHE PAGA GLI STIPENDI..

Già, **è il cliente che permette ad un'azienda di esistere** quindi **analizzare come comunichiamo con lui è indispensabile**.

Spesso "accusiamo" il cliente di non aver capito quanto siano favolosi i nostri prodotti o servizi e continuiamo ad oltranza fino a quando, nella massa, qualcuno "**ce li compra**". La stessa dinamica si verifica quando presentiamo una opportunità o cerchiamo dei collaboratori.

"**Avere un prodotto eccezionale**" o "**erogare un servizio meraviglioso**" conta solamente se il mercato è disposto a pagarlo... In caso contrario, resta un tesoro ben chiuso in un baule…

La "**chiave che apre il baule**" è la **comunicazione** che passa anche attraverso la persona che si presenta sul mercato.

**Fare una analisi e capire cosa non sta funzionando** è il primo passo per, poi, **trovare la strada giusta e raggiungere gli obiettivi sperati!**

## L'ALTERNATIVO DEL BUSINESS

L'alternativo del business è una creatura di questo decennio e tende a essere controcorrente su tutto.

Non significa che bisogna tenere la testa sotto la sabbia, anzi..., ma la figura della quale parlo, però, vede il male e il complotto ovunque. Cercando di essere **diverso** è, in realtà, spesso, di una banalità incredibile e solitamente diventa un fanatico perché ha solo il suo **credo** (nemmeno suo, a volte). Questo **atteggiamento di solo noi contro il mondo** anziché essere una forza attrattiva nella ricerca di collaboratori diventa un **muro** che, peraltro, dà vita a **pregiudizi** verso certe attività.

L'alternativo del business non riesce a rendersi conto che, talvolta, **è lui stesso il problema;** anziché vedere un complotto nelle istituzioni, banche, medicina ecc... dovrebbe cercare di capire in che modo può essere interessante per gli altri, **partendo dai vantaggi che la sua alternativa può offrire.**

Il **mondo** è anche un posto bellissimo e nessuno vive per tramare contro nessuno, cerca di **non enfatizzare la tua diversità data "dalla luce che ti guida".**

La mia esperienza mi permette di suggerire che per **ottenere risultati** è determinante **essere e fare cose normali in modo eccezionale.**

## VENDERE BENEFICI NON IL PRODOTTO O SERVIZIO IN SÉ.

La gente compra il **"beneficio" che trae dall'acquisto di un prodotto/servizio**, non compra il prodotto o il servizio in sé.

Esempi:

- Compriamo integratori non perché gli integratori siano belli, ma per il vantaggio che ne abbiamo: dimagrire per esempio...
- Non compriamo materassi, ma un riposo rigenerante..

Questo concetto è applicabile per qualunque prodotto o servizio.

**Impariamo a vendere i vantaggi** perché **il cliente è disposto a pagare solo quelli!**

## VENDERE OGGI E DOMANI

Il nostro lavoro, oltre che darci delle soddisfazioni **economiche,** ci permette di far sapere al **mondo** che esistiamo!

Aver influenzato un'attività o una famiglia ad utilizzare un prodotto che magari prima non usava o che le ha fatto sostituire quello di sempre **ci rende,** in qualche modo, **speciali** e, se coinvolgiamo un amico o un conoscente facendolo entrare in una attività o collaborando con lui, in un modo o in un altro, abbiamo **cambiato** qualcosa per lui, gli altri e per noi. Questa è anche una **responsabilità**!

Per questo continuare a migliorare e **cambiare** quando il mercato e il mondo lo richiede, è un **diritto/ dovere** di ognuno di noi e ciò ci permetterà di continuare ad **essere un valore e un vantaggio per gli altri,** altrimenti diventeremo sostituibili facilmente.

Ricordiamoci che **vendere è come radersi, se non lo fai tutti i giorni diventi un barbone...**

## IL PREZZO E IL VALORE

Il **prezzo** è la cifra attribuita al **valore** di un prodotto o servizio.

Di fatto, **un prodotto "caro"** è solo **un prodotto che "non vale la pena acquistare ad un determinato prezzo".**

A determinare il **valore di prodotti o di servizi** e la percezione da parte del **cliente** dipende dal modo in cui gli sono **venduti** i benefici che otterrà una volta **acquistato**!

Spesso le aziende e i venditori si "scervellano" in promozioni e sconti che alla fine impoveriscono loro stessi e abbassano il valore di ciò che fanno; per ovviare a questo, la strada giusta è dare **prestigio** a ciò che si vende attraverso una giusta comunicazione e strategia!

Abbiamo, ad esempio, tutti davanti agli occhi elettrodomestici, sistemi di riposo e tanti altri articoli o servizi che sono venduti ad un prezzo molto più alto rispetto a ciò che si trova comunemente in rete o nella grande distribuzione.

Questo accade perché durante la fase di **vendita** viene costruito un **valore** attraverso i vantaggi che il cliente otterrà dopo l'acquisto.

## VENDITORI CORAGGIOSI

Quando parliamo con un cliente è molto importante, per noi, aver ben chiaro l'obiettivo di questa **comunicazione.**

Dovremo sapere quali domande e obiezioni possono nascere dal nostro discorso.

Dovremo capire se il cliente ci sta seguendo e dovremo porre domande per essere certi che il nostro MESSAGGIO sia stato recepito e che non stiamo facendo un monologo inutile.

Dovremo evitare esempi negativi o che possano creare dubbi nel nostro interlocutore..

C'è poi un momento in cui dovremo smettere di parlare e passare all'**azione: CONTRATTO E FIRMA!**

**Talvolta il cliente indeciso ha solo bisogno di un venditore determinato!!**

**Mai avere titubanze in fase di chiusura!!**

## TEMPO/DENARO/RISULTATI

Nel nostro lavoro può accadere che l'appuntamento non vada a "buon fine" (non avviene la vendita o il recluta-mento), ma è molto importante che ogni visita (chiamata, videochiamata) ci dia comunque dei **risultati** anche se non chiudiamo poiché abbiamo investito il nostro maggior capitale: il nostro **tempo**!

Quindi dobbiamo **imparare ad ottimizzare**: se non vendiamo al momento, possiamo fissare **subito** una data **precisa** per un **secondo incontro "per definire", "per farsi dare nominativi"**, ecc...

**Mai chiudere un appuntamento** con: "ci sentiamo...", "mi faccia sapere...", "mi chiami quando è pronto...", ecc...!

**Siamo NOI che dobbiamo gestire e controllare il nostro TEMPO-DENARO!!**

Usa, quindi, un planning operativo e segui i consigli qui di seguito riportati.

**Planning operativo e consigli:**

- Programma la giornata, la settimana e il mese.
- Utilizza un sistema di lavoro condiviso e vincente.
- Intercetta i primi segnali che indicano un calo di risultati personali e del tuo Team.

- Crea un ambiente altamente motivato, orientato al **fatturato** e alla qualità delle **vendite!**
- Crea/usa un metodo testato che conduce all'efficienza ed efficacia nella vendita individuale e del gruppo.

## AAA CERCASI COLLABORATORI CHE MI FACCIANO MILIONARIO!!

In tanti anni, ho conosciuto numerose aziende e strutture e di conseguenza "**leaders**" alla ricerca di collaboratori che fossero disposti a lavorare con o per loro.

Ancora oggi vedo le più svariate, fantasiose e curiose tecniche di arruolamento e ricerca di persone .

Uno degli errori più comuni che molti commettono è quello di cercare di essere **attrattivi "nell'apparire"** e non nel **fare ed essere;** alcuni mostrano, ad esempio, **tenori di vita da star** (spesso insostenibili) **o beni materiali come specchietto per le allodole...**

Questo inizialmente funziona, ma la verità è che le persone attratte da questa modalità sono le stesse che vi molleranno dopo un mese, quando avranno capito che per **avere** bisogna **dare** e non ci si dovrà lamentare perché la responsabilità è di chi ha basato su questi "valori" la propria entità professionale...

Cosa succede poi?
Si torna alla ricerca di collaboratori e così, per tante volte, fino a quando anche il leader si stufa dicendo: "Persone che hanno voglia di fare non ci sono più".

**La ricerca di collaboratori è come un eco**: ti torna ciò che mandi! **Mostrare il progetto** al collaboratore, **dargli la formazione** necessaria per superare le difficoltà che incontrerà durante l'attività, instaurare un clima in cui si è disposti a **dare** è l'unica regola per **avere!!**

Un consiglio per tutti: **meno selfie** e più **azione**!

## LAVORARE CON IL PLANNING "NON IDONEO"

Il **successo** di una rete vendita o, comunque, di un gruppo, è legato alla **motivazione** di ogni singolo membro che partecipa al progetto.

Difficilmente una persona demotivata riesce ad essere d'aiuto al gruppo e, nella fattispecie, **un venditore "scarico" non porterà risultati.**

Per **motivare** realmente un collaboratore non bisogna solo **"fare promesse motivanti" come, ad esempio,** "un giorno avrai...", "quando sarai...", ma sarà fondamentale **dare mezzi concreti** perchè possa raggiungere i propri **obiettivi** quotidiani (ad esempio, sarà necessario mostrare un metodo di vendita efficace che ogni giorno permette di chiudere).

**Il raggiungimento di obiettivi piccoli o intermedi stimola e gratifica il venditore** e ciò lo porterà automaticamente al **raggiungimento della meta**!

**Orientare la propria mentalità al fatturato** significa dedicare il proprio tempo a ciò che rende **produttive** le giornate proprie e dei collaboratori.

È fondamentale, inoltre, analizzare la qualità delle parole che usiamo durante l'appuntamento di vendita poiché ciò ci permette di capire che, a volte, **siamo dispersivi anche in trattativa e perché, magari, non siamo nemmeno “andati in chiusura".**

Nei giusti tempi è necessario capire e decidere quali sono le **azioni di vendita performanti** e quali sono solo delle **abitudini,** in realtà, **improduttive.**

Posso suggerire al lettore che utilizzare nel proprio lavoro il **planning operativo** del seminario un Venditore Migliore permette a lui stesso e al proprio **gruppo** di non far cadere né numeri né la **motiv-azione.**

## ORIENTAMENTO AL FATTURATO!

Per MOTIVARE realmente un collaboratore non bisogna solo "fare promesse motivanti": "un giorno avrai...", "quando sarai...", ma **dare mezzi concreti** per raggiungere i **propri obbiettivi quotidiani** (ad esempio, un metodo di vendita che ogni giorno gli permette di chiudere).

Il **raggiungimento di obiettivi** piccoli o intermedi **stimola e gratifica il venditore** e lo porta in automatico al raggiungimento della **meta**!i

Orientare la propria mentalità al **fatturato** significa dedicare il proprio tempo a ciò che rende **produttiva** la propria giornata e quella dei propri collaboratori.

È fondamentale analizzare la qualità delle **PAROLE** che usiamo durante l' **appuntamento di vendita** e capire che a volte siamo **dispersivi** anche in trattativa e non **chiudiamo**!

Dovremo decidere quali sono le **azioni di vendita performanti** e quali solo delle **abitudini.** in realtà. **improduttive**.

## COME SIAMO PERCEPITI?
## VALORE DA VENDERE

Può accadere nelle trattative che il cliente si senta libero di "tirare" il prezzo e/o cambiare le vostre condizioni di pagamento; questo, solitamente, si verifica quando non si riesce a trasmettere il giusto **valore** del proprio prodotto/servizio. Probabilmente questo accade perché già l'atteggiamento di base non è corretto!

Siete voi i professionisti del vostro lavoro e non dovete "sottomettervi" a nessuno!

Se per vendere siete costretti a farlo, probabilmente, dovrete lavorare sulla "percezione" che il cliente ha verso il vostro prodotto e, soprattutto, su di voi ovvero **il professionista** che lo propone!!

Come siamo "posizionati" nella mente del nostro cliente?

# AMA LA GOCCIA CHE FA TRABOCCARE IL VASO

AMA LA GOCCIA CHE FA TRABOCCARE IL VASO,
È LÌ DENTRO OGNI BEL CAMBIAMENTO"

**Cambiamento** e "**saper adattarsi**" sono le chiavi per essere protagonisti del presente e del **futuro** e non **schiavi** dei bei tempi andati...

Se, ad esempio, 20 anni fa il fax era uno strumento utile per comunicare con i clienti, oggi molti professionisti iniziano la loro attività senza nemmeno sapere cosa sia.

Se i clienti e i **processi d'acquisto** cambiano, dobbiamo cambiare anche noi professionisti per evitare di essere esclusi dal nostro mondo.

Dovremo quindi aggiornarci sulle nuove strategie e conoscere nuovi percorsi per raggiungere lo scopo di sempre: il cliente!

Bisogna ricordare che partendo dalle nostre radici e metodi, è un diritto e dovere di ognuno di noi aggiornare il sistema di vendita senza perderne l'essenza e le origini.

"**Fiducia**", "**empatia**", "**creare un rapporto con i clienti**" saranno comunque i pilastri che continueranno ad alimentare le nostre attività, talvolta si tratterà solo di c**onoscere e percorrere nuovi sentieri** per arrivare **prima** e **meglio alla nostra meta**!

*"NON È LA SPECIE PIÙ FORTE O LA PIÙ INTELLIGENTE A SOPRAVVIVERE, MA QUELLA CHE SI ADATTA MEGLIO AL CAMBIAMENTO".*

*CHARLES DARWIN*

## MOTIV-AZIONE

Si sente spesso nell'ambito della formazione e non solo in quello, la parola "MOTIVAZIONE"

Può capitare, nel mettere in pratica nuove conoscenze o strategie di vendita, che venga richiesto uno **sforzo** e senza il giusto atteggiamento si rischia di abbandonarle presto o davanti alle prime difficoltà, per tornare a modalità che non producono **risultati.**

Innanzitutto partiamo dal presupposto che ogni cosa che facciamo, non solo nel lavoro, ha una ragione e quindi un **motivo;** l'occasione di un corso (seminario o riunione) è il momento in cui non ci si deve concentrare solo sull'aspetto tecnico o strategico della nostra attività, ma il momento in cui analizzare e riconoscere le **nostre motivazioni** e che ci permette di ricordare perché stiamo facendo questa o quella professione.

A causa di questo particolare **momento** storico o a causa della routine può accadere che le nostre motivazioni si affievoliscano e, con esse, si affievoliscano anche le nostre prestazioni e la nostra comunicazione e, conseguentemente, anche i risultati.

Detto questo è chiaro che la parola "**motivazione**" si può leggere come "**motivo per passare all'azione**" il che prevede che "ci si muova" e non si rimanga statici.
Per motivare se stessi e gli altri è fondamentale "**il fare**" e non solo "**il teorizzare**".

"Facendo", si ottengono risultati che a loro volta **ci motivano** e **motivano gli altri** (collaboratori, clienti, ecc...) perchè **resteranno colpiti più dalle nostre azioni che non dalle nostre parole!**

## FARE FA BENE!

E non solo al nostro portafoglio e fatturato.
Fa bene alla nostra mente, ci mette nella dimensione del **fare e ottenere**.

Tiene lontano paure e frustrazioni che nascono nel pensare e pensare troppo...

Quando **facciamo, per logica conseguenza, otteniamo risultati** e ciò ci permette di essere fiduciosi e ci pone in uno **"stato di immunità da paranoie e pensieri".**

**Le paranoie e i pensieri,** di fatto, ci impoveriscono sotto ogni profilo.

Per questo la **motiv-azione** è un aspetto **determinante** del nostro lavoro.

Trovare sempre il **motivo** per passare all'**azione** è la vera competenza moderna.

Non conosco molti **venditori** incapaci o con scarse capacità persuasive, ma ho conosciuto diversi **talenti** che non riescono ad esprimere il proprio **valore** perché frenati da **pensieri** che ostacolano l'**azione.**

## TERMINI UTILI ALLA VENDITA

La scelta dei termini da usare ci permette di iniziare una comunicazione corretta "interna" rivolta verso di noi che a cascata si riversa positivamente su clienti e collaboratori.

**Alcuni termini distruggono la vendita** e magari il buon lavoro fatto fino a quel momento.

Ad esempio, potremmo decidere di contraddire un cliente o un collaboratore, con "passione", dicendo "No, si sbaglia!" o "No, non è così!" ritenendo che queste frasi servano a farlo capire e ragionare. Nella realtà il più delle volte ciò scatena un atteggiamento di **totale chiusura** che **impedisce all'altro di ascoltare realmente ciò che volevamo comunicare.**

Sostituiamo le frasi precedenti, semplicemente, con:
- **capisco la sua posizione e aggiungo che...** (seguito da ciò che volevamo dire).

Questa frase metterà il nostro interlocutore in una posizione totalmente diversa e **riusciremo a ottenere il nostro scopo che non è avere ragione, ma vendere!**

## CAMBIARE: MIGLIORARE!

Tutto, in generale, è in continuo cambiamento e, quindi, lo è anche il mondo del **lavoro**.

Se ogni cosa è in continua evoluzione è normale che lo siano il lavoro, il mercato e le strategie.

Stupirsi, se non si ottengono risultati utilizzando **sistemi vecchi,** è come stupirsi che faccia caldo in **estate.**

Nel lavoro di un **venditore professionista** sono richieste **capacità e competenze specifiche;** il non accettarle per paura del cambiamento (quindi non cercando di migliorare) significa scegliere di **impoverirsi da soli.**

Anziché cercare solo gli smartphone più evoluti e le auto più tecnologiche, è importante accertarsi di non essere diventati noi stessi **obsoleti.**

Allo stesso modo in cui amiamo vedere il **valore** nelle cose materiali, cerchiamo di capire se siamo un **valore** per i clienti, collaboratori o azienda.

## L'AFFIANCAMENTO

La fase dell'affiancamento è un aspetto determinante per la crescita del gruppo di lavoro.

Storicamente, le aziende hanno optato per una soluzione in cui il nuovo incaricato doveva "accompagnare", "affiancare" il "venditore migliore".

Teoricamente potrebbe essere idea giusta, ma prima è importante analizzare alcuni aspetti.

Ad esempio:

- Sono certo che il venditore esperto voglia davvero aiutare il nuovo?

- Sono certo che la persona alla quale ho dato questo delicato incarico sia concentrato sulla crescita del collaboratore?

- Ho fatto in modo che il veterano a cui ho dato questa mansione abbia un riconoscimento economico e di prospettiva di carriera in modo che sia entusiasta del suo ruolo e non lo viva come una costrizione?
- Il mio collaboratore è formato a tal punto da capire che non deve mostrare che è "bravo", ma deve far percepire che seguendo il suo esempio chiunque può imparare?
-

Chi ha questo compito deve attenersi alla prima "regola" della guida moderna:

**IL VERO LEADER
NON TI MOSTRA LA SUA GRANDEZZA,
MA LA TUA!**

Questo lo dobbiamo tenere bene a mente, specialmente quando siamo noi ad affiancare qualcuno, perché potrebbe essere naturale voler dimostrare la nostra bravura, mentre dobbiamo ricordarci che è molto più importante e utile far capire alla persona che affianchiamo che ce la può fare!

## CREA LE CORRETTE CONDIZIONI...

Spesso, se **appuntamento di vendita** non si chiude a buon fine, non riusciamo a capire perché e cosa è mancato.

L'errore che spesso si commette è quello di non creare le **condizioni corrette**.

Ci diciamo:"Abbiamo fatto l' appuntamento; abbiamo cercato di creare il bisogno ed elencato tutti i vantaggi, ma alla fine nulla... il cliente non è convinto...".

Probabilmente, anche se l'appuntamento era stato preventivamente fissato, fino a quell'ora il nostro cliente è rimasto concentrato su altre cose (lavoro, famiglia, un problema da risolvere, ecc...) e questo lo porta a non essere **pronto** a recepire i nostri messaggi.

Nella fase iniziale, quindi, è determinante **preparare mentalmente il cliente allo scopo dell'appuntamento** ed è **necessario liberare la sua mente da tutta quella spazzatura** che non gli consente di cogliere una opportunità o offerte anche se sensazionali: sarebbe come fare ascoltare una melodia meravigliosa a una persona con i tappi nelle orecchie…

Ricordiamoci, quindi, che ogni vendita dovrebbe partire dalla creazione di una **predisposizione corretta.**

È difficile costruire una casa partendo dal tetto e lo stesso principio vale per la costruzione della **vendita.**

## LA LIBERTÀ E LA VENDITA

Si sente spesso parlare di libertà anche nel mondo del lavoro: orari liberi, zone libere, ecc... e credo che la libertà più grande sia quella nella nostra testa, che ci consente, ad esempio, di essere **liberi da pregiudizi...**

Sapete quanti venditori si impoveriscono ogni giorno perché il **"giudizio prima dell'azione"** (pregiudizio) non fa loro contattare un potenziale cliente o un potenziale collaboratore?

Ecco alcuni esempi: "è straniero..." oppure "ho sentito dire che non è interessato...", "ho sentito delle brutte voci sulla sua azienda...", ecc...

Questi piccoli pensieri hanno la stessa origine di quelli avuti dai "compagni di Zuckerberg" che, quando era agli inizi, non seppero credere in lui e alle sue idee.

Se, alle volte, quasi "disprezziamo" i nostri clienti quando sono pregiudizievoli e non aprono la mente verso i nostri prodotti o opportunità, quando lo siamo noi verso gli altri, cosa rischiamo di perdere?

Credo che i professionisti davvero **grandi** siano anche persone **libere:** in un primo momento possono apparire ingenue, ma ogni volta che si aprono a qualcosa sanno che nel mondo c'è qualcuno che si prepara ad accoglierlo.

## BUONA LA PRIMA!

Spesse volte la routine o l'abitudine ci portano ad affrontare l'appuntamento di **vendita** con poca attenzione.

È bene ricordare che se per noi è il quinto appuntamento del giorno o il trentesimo del mese, per il nostro cliente sarà sempre il **primo** e **unico.**

Sarà il primo appuntamento dove conoscerà, magari, il nostro prodotto/servizio o, per lo meno, sarà l'unico "primo appuntamento"!

Quindi, quando daremo per "l'ennesima volta" della settimana o del giorno delle informazioni, dovremo tenere a mente che per chi ci ascolta sarà sempre la **prima** e, in alcuni casi, anche l'**unica volta**.

Ora, immaginiamo come ci ricordiamo tante prime volte della nostra vita…

Ecco, ogni appuntamento è la **prima** e **unica** occasione di presentare la nostra **opportunità** o **prodotto** e sarà la prima e unica occasione di fare, comunque, la prima impressione e, per questo, l'entusiasmo e il modo di comunicare sono determinanti.

**Il cliente,** magari, non si ricorderà (anche se ha acquistato) tutto, in modo preciso, del prodotto o servizio, ma si ricorderà di come lo abbiamo fatto **sentire**.

Questo ci aiuterà nella finalizzazione al prossimo appuntamento (se il nostro modello di vendita è organizzato a step), ci aiuterà a farci dare nuovi nominativi o ci permetterà di iniziare una fornitura costante nel tempo.

Le "**prime**", in questo momento storico, sono particolarmente **importanti** e i margini di errore sono sempre più risicati.

## TEORIA E PRATICA

Può capitare che, nel mettere in pratica nuove conoscenze o strategie di vendita, venga richiesto uno **sforzo** e, senza il giusto **atteggiamento,** si rischia di abbandonare presto o di rinunciare già alle prime difficoltà per poi tornare a modalità che non producono **risultati**. Partiamo, quindi, dal presupposto che ogni cosa che facciamo, non solo nel lavoro, ha una ragione e, quindi, un motivo.

Un corso, un seminario o una riunione sono le giuste occasioni che ci consentono di concentrarci non solo sugli aspetti tecnici e strategici del nostro **lavoro,** ma momenti in cui è possibile analizzare e riconoscere le nostre motivazioni; potremo ricordarci dei perché stiamo facendo questa o quella professione.

A causa di un particolare **momento storico** (crisi, pandemia, ecc…) o a causa della **routine giornaliera** può accadere che le nostre motivazioni e prestazioni si affievoliscano, così pure, lo stesso può accadere alla nostra comunicazione con ripercussioni sui **risultati**. Detto questo, è chiaro che possiamo interpretare la parola "**motivazione**" come "motivo per passare all'azione", quindi, ciò richiede movimento e non staticità.

Per motivare se stessi e gli altri è fondamentale "**il fare**" e non solo "**il teorizzare**": facendo si ottengono risultati che **motivano** noi stessi e gli altri (collaboratori, clienti, ecc...) che resteranno così colpiti più dalle nostre **azioni** che non dalle nostre parole!

## NON È SOLO LA META, MA È ANCHE IL VIAGGIO CHE CONTA...

Vendere è una professione che, da qualcuno, è vista come l'ultima spiaggia…

Per altri è, invece, l'occasione quasi **unica** di vivere ogni giorno come un giorno nuovo, speciale, anche se a volte complicato...

Proprio nei giorni più difficili, quelli in cui siamo obbligati ad alzare l'asticella, ci rendiamo conto di talenti che avevamo scordato e qualità, lì pronte ad emergere alla bisogna, che non avevamo utilizzato per lunghi periodi.

Diciamocelo, poi, vendere ha qualcosa a che fare anche con la nostra autostima e il nostro ego…

Chi può capire la soddisfazione dopo una trattativa estenuante? A chi si può raccontare?
A chi, come te, vive e percorre ogni giorno la strada con le tue stesse ambizioni, motivazioni e obiettivi.

Ci sono diverse professioni che ti gratificano a meta conquistata e, quando si raggiunge un importante obiettivo, la soddisfazione è grande per tutti.
Nel nostro magico lavoro, la parte più importante non è la meta raggiunta che passa, per averne, subito dopo, un'altra nuova; ciò che rende meravigliosa questa attività e ciò che realmente conta è come vivi il viaggio… ogni giorno… km per km… cliente dopo cliente...

## LO SCONTO

**Lo sconto**: non solo una richiesta economica...

La chiusura di un contratto celebra "l'affare fatto" tra le parti e, spesso, poco prima di questa celebrazione, compare una richiesta da parte del cliente: **lo sconto**!

Da sempre, anche quando siamo noi ad acquistare, ci piace chiedere lo sconto anche solo per il fatto di aver ottenuto "un occhio di riguardo" da parte del venditore o del titolare o anche per dimostrare ad altri (soci, familiari, amici, ecc...) che siamo **furbi** e sappiamo comprare bene oltre che risparmiare, ovviamente.

Bene, questi sono gli stessi pensieri del nostro cliente, quindi la percezione del **valore** del nostro prodotto è un elemento importante per non farci rosicare il margine rimasto.

Se riusciremo a **gratificare** il nostro cliente e il suo **ego** anche in altri modi (consegna gratuita o montaggio, ove possibile, o un servizio aggiuntivo o un accessorio...) e gli faremo percepire che ha fatto un buon affare, non saremo costretti a fare sconti pericolosi...

## QUI E ORA

Non ci sono dubbi…
Nella vendita e non solo conta solo il **qui e ora**…
Se fossimo noi stessi dei prodotti e conoscessimo la scadenza, vivremmo in modo diverso…
Il fatto di non conoscere la scadenza ci porta a dire:
"dopo, domani, vedremo…"
Peccato…

Quando un cliente ti dice **interessante**, ne **parleremo** … non dire **OK…** Parliamone **ora**!
Se offri un'opportunità, non farti influenzare dalle paturnie di chi ti ascolta e **dimostra** come tu hai cambiato la tua **vita** e risolvi le sue paure **subito!**
Se vuoi **fortemente** fare una cosa…
non aspettare il **momento perfetto**
che a volte non arriva mai… **falla!**
Non dire a una persona "**mi manchi...**"
Vai dov'è e **dille: "Sono qua"!**

**Non aspettare la condizione migliore** per dire a una **persona** (collaboratore, partner, figlio, amico…) che per te è importante…
**La condizione perfetta** è quando lo pensi...
**Non** aspettare la **scadenza…**

**IL TEMPO È UNA MONETA PREZIOSA**
**CHE SI SPENDE UNA VOLTA SOLO NELLA VITA!**

## PROFESSIONE:
## VENDITORE INCONSAPEVOLE

Più volte abbiamo parlato del fatto che in qualunque settore o professione (dall'imprenditore all'artigiano passando dal libero professionista) ci sarà sempre un aspetto riguardante l'acquisto di un prodotto o servizio da parte di un cliente.

Un meccanico, ad esempio, quando descrive il danno di un'auto e il come e il quanto ci vorrà per ripararla, in realtà, sta decidendo le sorti della sua attività.

Certamente il lavoro che farà successivamente sarà importante, ma sono il modo in cui spiega il suo operato e la conseguente reazione del cliente alle sue parole che determineranno se, effettivamente, i soldi di questo lavoro entreranno nella sua officina o in quella del competitor.

Il meccanico, in quel momento, ha tentato una vendita.

Se il cliente non è stato convinto, andrà direttamente con il "preventivo" da un secondo meccanico che regalando un "cambio olio omaggio" e utilizzando sapientemente una comunicazione efficace e orientata alla vendita, otterrà il lavoro e ringrazierà il primo collega.

La dinamica sopra descritta accade in tutte le professioni: dall'ottico al muratore, dal personal trainer al commercialista.

Chi svolge una professione è venditore della stessa (attraverso una vasta attività di comunicazione che passa dai primi contatti telefonici o telematici, dalla quotazione della prestazione fino alla consegna e oltre).

Ogni professionista, commerciante, artigiano che investe nella propria comunicazione si garantisce un futuro che sta già bussando al suo presente.

## VENDIAMO TUTTI!

Vendere non è altro che comunicare con uno scopo!

Tutti parliamo, tutti comunichiamo e, quindi, tutti vendiamo!

Comunica un genitore che "convince" il figlio ad un certo comportamento anziché ad un altro..., quindi **vende** la buona educazione...

Comunica, quindi, **vende** un imprenditore che spiega ai collaboratori cosa fare e cosa non fare...

**Vende** un cameriere che ci consiglia un piatto più costoso e pregiato rispetto a ciò che pensavamo...

**Vende** un bambino che, facendo i capricci, cerca di ottenere ciò che vuole.

Per questo la reazione alle nostre parole (il Sì o il No) del cliente dipende, quasi esclusivamente, da come abbiamo **comunicato** e da ciò che è stato **percepito...**

**Vendere** significa concentrarsi su chi **ascolta** e non su noi stessi; per altro è da notare che quasi tutto ciò che si vuole è dato dagli altri: soldi, fiducia, affetto, gratificazione.

Accertarsi di avere una buona comunicazione è, quindi, molto importante al fine del raggiungimento dei propri obiettivi!

## CI SONO RIUSCITI I TERRAPIATTISTI, PUOI FARCELA ANCHE TU

Non me ne vogliano i **terrapiattisti**, ma la loro esistenza mi fa riflettere su alcuni aspetti della **vendita.**

In realtà, la **vendita** è una delle massime espressioni della **comunicazione.**

Tutti vendiamo:
- lo fa il religioso vendendo le sue credenze alle persone;
- lo fa la madre che educa il figlio a certi comportamenti;
- lo fa il meccanico che ci consiglia di fare una sostituzione di un pezzo anziché la riparazione!

Pensa che lo fanno anche i terrapiattisti, dicendoci che la terra è piatta...

Che tu sia negoziante, libero professionista, imprenditore, ecc... ricorda che, in un momento complicato come questo, riuscire a comunicare che il nostro prodotto/servizio è **indispensabile** è l'unica garanzia per la nostra **attività!**

**VENDERE**: **significa** avere ben chiaro l'obiettivo della nostra comunicazione e le reazioni che otterremo dal **mercato**.

Sicuramente è importante investire in immagine (automobili da figo, i selfie sui social...), ma sono un accessorio e da sole queste cose non vendono!

**INVESTI SU TE STESSO,**
**QUELLO CHE SEI NON LO PUÒ ESSERE NESSUNO!**

## L’AUTORE

**Beppe Damioli**

Formatore nell’area vendita e tecniche di comunicazione.

Aveva solo 16 anni quando ha iniziato la sua crescita professionale all’interno di una società di formazione e consulenza nell'ambito delle risorse umane e comunicazione.

In questo contesto si era occupato principalmente dell’area vendita dove ha potuto, fin da subito, applicare i metodi e le conoscenze sul campo; ciò gli ha permesso di ottenere la qualifica di formatore d’aula e di consulente per le aziende.

Ha avuto, negli anni, numerose esperienze come venditore; è diventato successivamente responsabile vendite di piccole e medie imprese, nonché formatore interno di importanti società per azioni e multinazionali.

Nel 2015 nasce “Un Venditore Migliore” che in soli 5 anni è stato utile, attraverso i suoi seminari, a più di 3000 persone. Tale risultato è stato ottenuto grazie anche a percorsi creati ad hoc per le esigenze delle imprese.

La qualità dei programmi è stata avvalorata da diversi enti formativi che hanno messo, addirittura, a disposizione fondi interprofessionali.

Nel 2019 Beppe Damioli approda in TV con un format televisivo dal titolo "Benessere sul lavoro" che ha fatto conoscere al pubblico l'importanza della comunicazione, il lavoro di gruppo nonché i cambiamenti del mondo del lavoro e delle modalità di vendita.

Nel 2020, durante il "lockdown" causato dalla pandemia, nasce il progetto "Fermati a pensare, ma non pensare di fermarti" che, attraverso le piattaforme per videoconferenza più conosciute, ha permesso ai singoli e alle aziende di continuare ad aggiornarsi e prendere coscienza dei cambiamenti dettati anche dalla pandemia, allineando così il proprio processo di vendita e il modus operandi dei collaboratori.

Informazione e azione sul campo sono la principale peculiarità del progetto "Un Venditore Migliore" che, dopo aver creato un gruppo di più di 2700 membri nei social per un confronto quasi quotidiano, ha lo scopo di trasportare dalla lavagna alla quotidianità le più efficaci ed efficienti strategie di comunicazione e vendita che partono sempre dalla persona che la esercita e che è il centro di ogni corso e seminario formativo.

# COORDINATRICE PROGETTO

## Giorgia Alberti

Nasce a Brescia il 19 Febbraio 2003.

Fin da bambina è sempre stata curiosa, attenta alle piccole cose, sicura di se stessa e determinata a raggiungere i propri obiettivi.

All'età di 12 anni inizia ad espandere i propri interessi e si candida al "consiglio comunale dei ragazzi della propria città" dove, successivamente, verrà eletta sindaco.

Per Giorgia prende avvio un importante percorso di crescita e formazione che la terrà impegnata nei successivi due anni, nei quali avrà l'opportunità di collaborare a diversi progetti che le permetteranno di conoscere e lavorare a fianco di persone molte importanti, tra cui il sindaco della città.

Il 30 settembre del 2019 Giorgia conosce Giuseppe Damioli nell'azienda in cui lavorava la mamma. Da lì inizia il loro sodalizio che ci porta fino ad oggi.

Giuseppe chiede a Giorgia, adolescente nata e cresciuta in piena era dei social network, di creare e postare alcuni contenuti su Facebook e su Instagram per un'azienda.

I due iniziano la loro proficua azione raggiungendo numeri molto alti in termini di "follower" e "like".

Questo risultato va ben oltre le più rosee aspettative: molte aziende e piccole imprese iniziano, da quel momento, a contattarli .

Giorgia, una ragazza con la passione per la moda, tanto che avrebbe voluto iscriversi al Politecnico di Milano per un corso specifico in quel settore, mai avrebbe pensato di far diventare un passatempo un lavoro e a soli 18 anni, entrando così a far parte del mondo dei “grandi”.

**GRAZIE**
**PER**
**L'ATTENTA**
**LETTURA**

www.unvenditoremigliore.com

INSTAGRAM: **unvenditoremigliore**

FACEBOOK: **Beppe Damioli Un Venditore Migliore**

GRUPPO FACEBOOK: **venditori migliori**

MAIL: **libro@unvenditoremigliore.com**

www.ingramcontent.com/pod-product-compliance
Ingram Content Group UK Ltd.
Pitfield, Milton Keynes, MK11 3LW, UK
UKHW040020200726
13854UKWH00001B/289

9 791280 240811